AF595254

DESCRIPTION DE LA FESTE QUE Mr. ARNOUL, INTENDANT DES GALERES ET DU COMMERCE A MARSEILLE,

Donna à la Reine d'Eſpagne le lundi 29. Octobre 1714. à l'occaſion de la Sale d'Armes de l'Arcenal des Galeres, que Sa Majeſté voulut bien venir voir, & d'une eſpece de Triomphe qui y avoit été preparé pour Elle.

A MARSEILLE,
Chez PIERRE MESNIER, Imprimeur du Roy & de la Ville, & Marchand Libraire à la Loge.

AVERTISSEMENT.

M. ARNOUL auroit plûtôt envoyé cette Description, si quand il a voulu mettre par écrit ce qui regarde la Sale d'Armes, il n'eût trouvé que cet Ouvrage avoit besoin d'une liaison un peu plus reguliere en quelques endroits, ce qui l'a mis dans l'obligation d'y faire quelques aditions qui lui ont paru necessaires, & ausquelles il en auroit joint peut-être encore d'autres, si on ne lui eut dit que la Reine vouloit avoir cette Description avant qu'Elle eut quitté la Provence, au lieu que cela paroissoit beaucoup moins necessaire lors que l'Ouvrage étoit répandu sur toute l'étenduë de quatre grandes Sales ou Galeries, en plusieurs pieces détachées; Mais il espere que Sa Majesté aura la bonté d'agréer ce Travail en l'état qu'il est, comme venant du cœur plûtôt que de l'esprit, par l'extréme envie qu'il avoit de lui marquer seulement par là son zéle & son profond respect, & il se flate aussi qu'Elle voudra bien considerer qu'il n'a eu que six jours de tems pour le composer & l'executer.

DESCRIPTION DE LA FESTE

QUE Mr. Arnoul, Intendant des Galeres & du Commerce à Marseille, donna à la Reine d'Espagne le lundi 29. Octobre 1714. à l'occasion de la Sale d'Armes de l'Arcenal des Galeres, que Sa Majesté voulut bien venir voir, & d'une espece de Triomphe qui y avoit été preparé pour Elle.

SA MAJESTE' ayant pris la resolution de venir à Marseille le 21. Octobre; Et Mr. Arnoul l'ayant sçû le 23. jugea bien qu'elle pourroit voir la Sale d'Armes des Galeres, comme étant ce qu'il y a de plus curieux, & qui marque le mieux la Puissance du Roi, il se mit aussitôt en état de la preparer de maniere qu'elle pût plaire à la Reine & faire partie des honneurs qu'on devoit lui rendre. Il chercha là-dessus un sujet qui pût servir à son dessein, & s'agissant d'une Sale d'Armes, il crut qu'il devoit le tirer des Armes mêmes. il trouva que le mot latin *PARMA*, qui signifie Targue, Bouclier, ou Ecu en François, faisoit en sa faveur une heureuse allusion au Nom de la Reine; il le choisit, & tira de là occasion de faire à Sa Majesté une espece de Triomphe, en élevant le Bouclier ou *Parma* au-dessus de toutes les autres Armes, non seulement par les places distinguées qu'on pouvoit lui donner par tout, mais de plus par beaucoup d'allegories qui pouvoient avoir raport à la Reine, c'est ce qu'il a été question de mettre en execution, & c'est aussi ce qui s'est fait par beaucoup d'Inscriptions, de Devises ou d'Emblémes répanduës sur toute l'étenduë de la premiere Sale & de celle qui vers le bout la traverse en forme de croix.

Pour que ce dessein fût connu dabord, il y avoit au-dessus de la principale Porte par où la Reine devoit entrer, & d'où l'on découvre toute l'étenduë de la premiere Sale, un Trophée d'Armes dont l'Ecu des Armes de Parme tenoit le dessus & le milieu, avec ces deux mots.

PARMA TRIUMPHANS.

Pour suivre ce dessein il y avoit sur toute l'étenduë de ces deux Sales au plus haut du plancher sur le milieu de chaque poutre, une Targue ou Ecu des Armes de Parme, accompagné d'une autre Targue de chaque côté, où sont representés des Soleils avec la Devise du Roi, comme à toutes les Targues des Galeres.

Entre ces Targues ou Ecus, de distance en distance, on en avoit mis d'autres plus ornés, ayant de méme les Armes de Parme, & qui étoient pareillement attachés au plancher dans le milieu des poutres, faisant autant de Devises ou d'Emblémes differentes, & la premiere qui se presentoit aprés qu'on étoit entré dans la Sale, étoit l'Ecu de Parme, avec ce vers,

Parmarum, Regina, tibi labor iste dicatur.

Ce qui faisoit proprement en peu de mots l'Epître dedicatoire de tout l'Ouvrage.

A quelque distance ensuite étoit un autre Ecu ou *Parma* avec les mémes Armes, ayant au-dessus ce vers.

Arma triumphanti cedant hic cætera Parmæ.

Comme un commandement qu'on faisoit dabord aux autres Armes de ceder au Bouclier ou *Parma*, qui devoit triompher à l'occasion de la Reine.

Le Cartouche suivant établissoit la raison pour laquelle le Bouclier devoit en effet être au-dessus des autres Armes, par cet autre vers.

Illa agitant furiæ, Parmam prudentia ducit. ce qui suit est a page 27.

Ensuite comme le Bouclier n'est fait que pour parer sans offenser, on a pretendu que pour attirer plus d'honneur & de confiance à celui de Minerve, qui est regardé comme le plus ancien & le premier de tous, il faloit en ôter la tête de Meduse, pour y mettre à la place les Armes de la Reine qui devoient être beaucoup plus agreables à cette Deésse puis que toute Belliqueuse qu'elle est, Elle ne doit rien avoir qui puisse empêcher qu'on s'aproche d'elle, par raport aux Sciences & aux Arts dont Elle est aussi la Deésse, ce qui se trouve marqué par ce vers.

Dira Medusa fugat, grata es, tu Parma Minerva.

On faisoit voir aussi tôt aprés, les avantages & les merveilleux effets de ce changement, en ce qu'au lieu que cette tête de Meduse étoit si affreuse, qu'elle changeoit en pierres ceux qui la regardoient : Ce nouvel Ecu qui est proprement le sceau de la douceur & de la bonté de la Reine, marquée par le celeste azur de ses Lys, devoit faire tomber les armes des mains, & gagner les cœurs sans violence, en attendrissant ceux méme que l'autre auroit pû rendre aussi durs que des rochers, ce qui étoit expliqué par cet autre vers.

Altera quos fecit lapides, emolliet ista.

On feint ensuite que de pareilles dispositions ont dabord engagé l'amour qui n'avoit jamais osé rien pretendre sur Minerve, à qui l'on verra dans la suite que la Reine est comparée, & qui est aussi par tout representée par le Bouclier ou *Parma*, non seulement à s'en aprocher, mais que de plus il a joint à la *Parma* tous ses traits, comme autant de charmes qu'il a donné à la Reine, pour qu'Elle pût faire la conquête d'un cœur qui lui convint, au lieu du ſeul Bouclier dont elle ſe ſervoit contre luy-méme ; le tout repreſenté par un Ecu ou *Parma*, orné des traits & de toutes les Armes de l'amour, en forme de Trophée, avec ce vers.

Huic amor ante fugax, ſua tela adjungit & arcum.

On feint encore enſuite que l'amour continuant de s'intereſſer pour le Bouclier ou *Parma*, qui eſt toûjours ici le Simbole auſſi bien que le Sceau de la Reine, chaſſe luy-méme d'auprés d'elle le Hibou de Minerve, qui eſt toûjours un Oiſeau de mauvais augure en quelqu'endroit qu'il ſoit, & qui pourroit éloigner celui dont Elle doit faire la conquête avec ces nouvelles Armes ; & pour marquer encore plus ſon empreſſement pour elle, on lui fait dérober à ſa Mere un des Oiſeaux qui lui ſont conſacrés, pour l'aſſocier au Bouclier ; ce qui peut ſe raporter à tous les cœurs, de quelque caractere qu'ils ſe trouvent, attachés au Char de la Mere d'amour ; le tout repreſenté par le Bouclier ou *Parma*, ayant toûjours toutes les Armes de l'Amour comme en Trophée, avec un Pigeon à côté, & ce vers au-deſſus.

Subreptam & Matri volucrem, bubone fugato.

C'eſt ainſi qu'on pretend que la Reine d'Eſpagne ayant joint les Armes de l'Amour à la bonne odeur de ſes Lys, qui dénote parfaitement ce que la renommée avoit déja publié de ſes vertus & de ſes grandes qualités, a fait la conquête d'un cœur qui ſeul étoit digne de la poſſeder ; le tout repreſenté par une Targue ou *Parma*, répendant une odeur agreable, ornée & environnée comme deſſus de toutes les Armes de l'Amour, placées dans un grand cœur comme dans un Trône, porté ſur le dos de deux Lyons & apuyé contre deux Tours, avec la Colombe ou Pigeon donné par l'Amour, voltigeant au-deſſus, & portant en ſon bec une Couronne de Laurier, avec ce vers.

Sic & odore ſuo, ſic Parma triumphat amore.

On prétend enſuite qu'Apollon aprés avoir chanté lui-méme juſqu'ici les loüanges de la Targue ou *Parma*, va dans ce qui ſuit déclarer ce qu'elle doit procurer de glorieux & d'avantageux à l'Eſpagne par les Oracles qu'il va rendre, ce qu'exprime le vers ſuivant en groſſe lettre ſur un Cartouche attaché à une poutre du plancher, comme tout ce qui a precedé, pour preparer les Spectateurs à cette ſeconde partie du Triomphe.

Cantavit Parmam, jam vaticinetur Apollo.

Ce qui ſuit eſt en effet une Prophetie, s'agiſſant en partie de l'avenir, & un oracle en ce qu'on y peut trouver pluſieurs ſens differens, comme il arrivoit toûjours à ceux qui conſultoient les Oracles, ce qui ſe voit par le vers ſuivant ſur une Targue ou Ecu de Parme.

Hâc ſe conjungunt Florentia lilia Parma.

Ce qui veut dire que des Lys floriſſans ſe joignent enſemble par le moyen de cette Targue ou

Parma, ou que ses Lys se joignent à d'autres Lys, ou que les Lys, Parme & Florence se joignent ensemble, ce qui est fondé sur ce qu'on prétend que la Maison de Parme, c'est à dire la Reine doit probablement heriter du Duché de Florence.

Outre cet avantage qu'Apollon promet par l'oracle precedent qui paroit designer le Mariage du Roi d'Espagne & de la Reine, l'oracle qui suit en promet trois autres par une espece d'Enigme placée au haut de la premiere arcade qui est à la droite des quatre que l'on trouve à cet endroit, où se croisent les deux Galeries qui forment ensemble l'étenduë de la Sale d'Armes, & cette Enigme est representée par un Bouclier my-parti des Armes de Parme & de grand gonfalonier de l'Eglise, couvrant en partie trois tiges de Lys, avec ce vers audessus.

His erit umbra, novum tutamen, & incrementum.

Parce que l'*Umbrella* signifie que la Reine aura toûjours sous son ombre le Prince des Asturies & les deux Infans; que de plus le Bouclier par lui-même étant le Simbole de la précaution & de la seureté, marque le soin qu'elle prendra de leur conservation, & qu'elle donnera au Roi d'autres Enfans dénotés par les six Lys de son Ecu, joints aux trois de celui du Roi.

Ce qui suit est encore une prophetie, un oracle & une enigme tout ensemble, qui se voit à la gauche au-dessus de l'Arcade qui est vis-à-vis de la precedente, où est representé l'Ecu de Parme ou *Parma*, accollé avec celui de France, & ce vers au-dessus.

Radici quàm pulchra dabunt tua Lilia juncta.

Par où l'on doit entendre que les Lys de la Maison de France étant les premiers qui ayent jamais paru, on doit les regarder comme l'origine, le tronc ou la racine de tous les autres, & que les Lys de Parme étant ainsi rejoints & comme entés sur leur premiere souche ou racine, ne peuvent manquer de produire les plus beaux rejettons du monde.

Au-dessus de la troisiéme Arcade qui suit du même côté, est un autre Oracle representé de même que le precedent par l'Ecu de France & de Parme joints ensemble, par lesquels il paroit qu'Apollon dans une espece d'Antousiasme voit déja comme presens dans la suite des générations un si grand nombre d'Enfans au Roi d'Espagne, que les comparant aux Lys des deux Ecus & à ceux qu'ils doivent produire, il dit qu'il en voit les Campagnes couvertes, & que la France aussi-bien que l'Espagne sont embaumées de l'agreable odeur qu'ils répandent déja de tous côtés, ce qui s'exprime par ce vers.

Undique jam nostris redolent nova Lilia campis.

Après cet Oracle, on voyoit dans le fonds & tout au bout de la premiere Sale une Armure dorée & damasquinée, representant le Roi Philipe V. ſur un Pied-d'eſtail, environné de ſes Gardes, ayant un Manteau Royal de velours cramoiſi, doublé d'hermines, tenant un bâton de commandement dans la main droite, & un Bouclier aux Armes de Parme, paſſé dans le bras gauche, avec des eſpeces de tentes derrieres, accompagnée de Drapeaux en forme de Trophées, comme s'il étoit dans un Camp prêt à donner une Bataille à la tête d'une grande Armée, avec ces mots eſpagnols au tour du Bouclier.

En Braços del Rey valera varones.

Ce qui eſt encore un Oracle, en ce que cela ſe peut entendre en deux manieres; la premiere ſur ce qu'un Roi auſſi brave qu'eſt le Roi d'Eſpagne, ſe peut battre contre pluſieurs, en ſe ſervant du Bouclier pour parer, & l'autre fait aſſés voir que la Reine en doit avoir des Princes diſtingués par leur merite & par leur valeur.

Et enfin en retournant ſe devoit lire au-deſſus de la derniere Arcade des quatre qui font la jonction de la premiere Galerie avec celle qui la traverſe, le dernier des Oracles, ſur les exploits ou les admirables productions de la *Parma*; & ce dernier Oracle eſt repreſenté par l'Ecu des Armes d'Eſpagne, ayant l'Ecu du Roi Philipe V. ſur le tout, accolé avec celui de Parme, & au tour le Colier de l'Ordre de la Toiſon d'Or, & ce vers au-deſſus.

Vellus ad auratum ſemper naſcetur ïaſon.

Apollon faiſant connoître de cette maniere, que par la jonction de l'Ecu de Parme avec celui du Roi Philipe V. il naîtra perpetuellement des Enfans dans toute la ſuite des generations, qui non ſeulement ſeront de grands hommes, comme l'a dit l'Oracle precedent, mais des Heros ; & de plus autant de Jaſons qui tous feront la conquéte de la Toiſon d'Or ; tous les Princes qui ſeront du Sang du Roi & de la Reine devant avoir de droit l'Ordre de la Toiſon.

Il faut ici faire remarquer que pour voir ce dernier Oracle & le precedent, on traverſe la ſeconde Sale qui ſe croiſe avec la premiere, & qu'au milieu des deux ſur le point de la jonction on y avoit preparé un Marche-pied couvert d'un Tapis de Perſe avec un Fauteüil de Damas cramoiſi, garni de grands galons d'or, pour que la Reine s'y pût aſſeoir en cas qu'elle fût fatiguée ; qu'au deſſus de ce Fauteüil étoit un Soleil qui repreſentoit le Roi d'Eſpagne, dont les Rayons étoient figurés par des Armes blanches, & qu'entre ce Soleil & le Fauteüil il y avoit une Couronne d'or ſuſpenduë par des filets inviſibles, avec cette legende au-deſſus.

Veni de Eridano.
Veni coronaberis.

Comme ſi le Roi du haut de ſa Gloire l'eût invitée lui-même à venir ſe repoſer dans ce Fauteüil pour y être couronnée ; Et la réponſe de la

Reine au Roy étoit marquée par une autre Legende, au bas du Marche-pied, qui contenoit ces mots.

Et à te quid volui ſuper terram.

Aprés cet Epiſode que l'attention qu'on devoit avoir pour la Reine, avoit donné lieu de placer en cet endroit, & qui étoit méme neceſſaire par raport à l'ouvrage, pour ne pas ennuyer ou fatiguer Sa Majeſté, & ceux qui avoient l'honneur de la ſuivre, par un trop grand nombre de penſées de la méme eſpece, & toûjours ſur un méme ſujet: Elle paſſa dans la premiere allée du bras de la Sale qui traverſe à droite, où du haut de l'arcade qui formoit l'entrée de cette allée, pendoit cette Legende.

Parmæ fata dabit, jam facta recluſit Apollo.

En effet les deux allées qui partagent ce bras, contenoient tout ce que les deſtinées promettoient de glorieux & d'avantageux à la Targue, ou *Parma*, repreſentant la Reine par pluſieurs autres predictions, dont la premiere étoit.

Herculeas ultra, tu Parma, ferere columnas.

Pour Marquer que ſa Renommée doit aller plus loin que les travaux d'Hercule, en paſſant au-delà des Colomnes qui les ont bornez.

Et d'autant que l'Amerique doit être ſous la domination de la Reine, un autre Bouclier aux Armes de Parme ſuivoit, avec ces mots,

Mundus te noſcet & alter.

On voyoit enſuite dans le fonds de cette Allée, ſous un Soleil, dont les rayons ſont formez par des Epées, un autre Ecu aux Armes de Parme, qui étoit entre deux Lyons, dont l'un fuit tout épouvanté, & l'autre s'en aproche en ſe baiſſant comme pour en lecher le bord, avec ces deux vers françois au-deſſus;

Le Lyon de la Flandre en fuit épouvanté,
Le Lyon de l'Eſpagne en doit être enchanté.

Ce qui faiſoit alluſion d'un côté aux Exploits d'Alexandre Farneze en Flandre, & de l'autre aux empreſſemens des Eſpagnols, que la Reine va gagner par ſes charmes, & par ſes grandes qualitez.

En paſſant dans l'autre partie du premier bras de cette Sale qui forme une ſeconde Allée, on voyoit auſſi contre la muraille, ſous un autre Soleil, un autre Ecu aux Armes de Parme, poſé ſur deux Tours ou Chateaux, avec ce vers au-deſſus.

Caſtrum pro caſtro tibi reddit iberia, duplex.

Ce qui fait alluſion au Duché de Caſtro, que la Maiſon de Parme a toûjours ſouhaité paſſionnément de ravoir, & aux deux Tours ou Chateaux qu'elle retrouve, en devenant Reine d'Eſpagne.

Enſuite la gloire de la Reine ſembloit paſſer audelà de l'étenduë du Monde entier, & monter juſques dans les Cieux, par les idées qu'ont fourni l'Ambaſſadeur de Perſe, & le Chaoux de la Porte, qui ſont venus à Marſeille preciſément dans le tems que Sa Majeſté y eſt arrivée, & dont le dernier doit inceſſamment s'en retourner à Conſtantinople.

Par raport à celuy-cy, on repreſentoit la Renommée habillée à la Turque, ayant ſa Trompete dans la main gauche, & dans la droite un Bouclier rond ou *Parma*, aux Armes de Parme, qu'elle poſe ſun un Croiſſant, qui par ce moyen paroit être une pleine Lune, avec ce vers au-deſſus.

Jam que volat, Lunæ de te qui repleat orbem.

Ce qui fait alluſion au Croiſſant des Ottomans, par lequel ils ont prétendu marquer qu'ils ne le prenoient pour Armes & pour Deviſe, qu'en attendant, qu'étant maîtres du Monde entier, leur Lune fût pleine; & par le vers qui eſt cy-deſſus on fait voir qu'elle va l'être en effet bien-tôt, mais que ce ſera de la grande idée que cet Empire aura de la Reine, par le recit que ce Chaoux en doit faire à ſon retour.

Quant à ce qui regarde l'Ambaſſadeur de Perſe, ſon entrée à Marſeille a donné lieu à la Deviſe ſuivante qui fait la derniere des Predictions d'Apollon ſur les deſtinées du Bouclier ou Ecu de Parme, & qui eſt repreſentée par un Soleil levant, dont un rayon venant reflêchir ſur les Armes de Parme, dont le champ eſt d'or, en reçoit un nouvel éclat, comme l'Ambaſſadeur, de ce que la Reine voulut le voir lors qu'il paſſa ſous ſes fenêtres, ce qui eſt exprimé par le vers ſuivant.

Ex te luce novâ radius ſplendeſcit eous.

La Reine paſſa enſuite dans l'autre bras de la Gallerie qui traverſe la premiere, & qui fait une ſeule Sale tres-belle & tres-large; où les alluſions & les miſteres ſe découvroient en partie, & ou devoit s'accomplir le triomphe de la Targue ou *Parma* dans toute ſa pompe.

Pour cet effet toutes les Nations dont la Reine entend les Langues, s'étoient empreſſées de s'y trouver, pour luy ériger une Statuë ſous la figure de Minerve, & luy donner chacune un éloge particulier; & le Monde entier y étoit, en ce qu'on y voyoit les quatre parties qui le compoſent, placées chacune dans ſon rang, & qui s'exprimoient par des ſentimens & des mouvemens tous differens, mais qui tous augmentoient également la gloire du triomphe, & le Soleil luy-méme y paroiſſoit dans tout ſon éclat, pour authoriſer & donner lieu aux éloges des ſix Langues, ou Nations connuës de la Reine.

On trouvoit dabord dans cette Sale en ſe tournant, une grande Piramide entre deux Arcades, toute compoſée de pointes d'Epées, qui faiſoit un effet ſurprenant, par la beauté de ſa ſtructure & par ſon éclat; & au-deſſus étoit l'Ecu de Parme au champ d'or qui brilloit encore davantage, ayant des pointes de Bayonnetes qui luy formoient comme autant de rayons, avec ces deux vers françois.

Elle brille au plus haut, & les traits de l'envie,
Ne font icy que blanchir & l'orner.

Ce qu'on devoit regarder comme une diſpoſition prochaine à ſon triomphe.

On voyoit enſuite dans le milieu de cette grande Sale un grand Pied-d'eſtal à ſix côtez avec une grande Figure au-deſſus, repreſentant la Reine comme une Minerve richement vêtuë, & de la maniere qu'on la dépeint, ayant une demy Pique à la main droite, & au bras gauche un Bouclier ou *Parma* aux Armes de Parme, au lieu de celuy de Meduſe, avec un voile ſur la tête qui luy couvroit tout le viſage.

Au-deſſus de cette Figure étoit un Soleil magnifique, dont les rayons étoient formez de pointes d'Epées & de Halebardes, d'une grandeur extraordinaire, repreſentant le Roy; Et le tout enſemble formoit un ſujet qui donnoit lieu à ſix differentes Inſcriptions, pour autant de differens raports que cette diſpoſition priſe tout enſemble ou par parties, pouvoit avoir avec la Reine, & qui s'expliquoient par les ſix differentes Langues que la Reine ſçait: Celle qui ſe preſentoit dabord en face étoit la Latine, & étoit exprimée par ces mots.

Electa ut ſol, terribilis ut caſtrorum acies ordinata.

Ce qui s'entend aſſez de luy méme; cette Figure étant environnée d'Armes placées dans un grand ordre, & ſous un Soleil repreſentant le Roy.

Pour en faire enſuite plus particulierement l'allusion avec la Reine, la seconde Inscription qui étoit en François, faisoit voir que le titre d'*electa ut Sol* luy convenoit parfaitement par ces deux vers.

Comme luy nous l'avons choisie,
Pour être icy l'objet de nos respects.

Et pour faire voir que la comparaison qu'on en faisoit avec la crainte qu'inspire l'éclat des Armes d'une Armée rangée en bataille lui convenoit pareillement, suivant l'idée qu'on doit avoir d'une jeune Princesse, qui dés ses plus tendres années a fait son plus grand plaisir de la chasse, & d'être à Cheval, faute d'avoir d'autres occasions de signaler son courage, & de marquer son inclination pour les armes, l'Espagnol l'expliquoit par cette Inscription.

No nacio
En el tiempo
De las Amazonas
Porque
A su coraçon varonil
Le era devido
Reinar sobre los Hombres.
Y tales.

La quatriéme inscription, & qui étoit en Idiome Parmezan ou Plaisantin, faisoit voir que les Estats de Parme étant sçituez sur le Po, autre fois l'Eridan, où Phaëton fut precipité : On pouvoit dire que ce Fleuve rendoit au Soleil une Fille sage &

prudente, au lieu d'un fils presomptueux & temeraire; La Reine devenant la petite Fille du Roi representé par le Soleil, ce qui étoit exprimé par ces mots.

In cambi
D'un Fiol temerer
Al Po
Ghe rend
Una Fiola prudenta.

La cinquiéme faisoit voir en Italien que de cette maniere on pouvoit dire aussi que le Soleil avoit produit de méme que Jupiter une Minerve sortie de sa tête; attendu que l'on sçait que c'est le Roi luy-méme qui aprés avoir parcouru dans son idée toutes les Cours de l'Europe, pour examiner & peser qu'elle pouvoit être la Princesse qui conviendroit le mieux au Roy son petit Fils, avoit choisi la Princesse de Parme, ce qui se voyoit par ces mots.

E cosi si vede
Una nueva Minerva
Uscita
Dal capo del Sole.

Et la sixiéme Inscription faisoit voir que si elle n'est pas veritablement la Deésse Minerve que les Payens ont adorée, Elle en possede si parfaitement les grandes qualitez & les rares talens, qu'Elle en est la veritable & plus parfaite ressemblance, tel qu'étoit autre fois le *Palladium* venu du Ciel, que les Troyens gardoient soigneusement dans leur Temple, parce que leurs destins en dépendoient, & que tant qu'ils l'auroient ils devoient être victorieux de leurs ennemis, & leur Ville devoit toûjours être imprenable ; ce qui faisoit dire à l'Allemand qui souhaitoit passionnement de l'avoir, & qui sçait ce qu'il perd.

Gluoselio ist
Spanien
Van se sich
Erhalen ran
In seinem
Palladium.

Ce qui veut dire en latin,

Palladium fœlix si servet iberia tantum.

Et en bon françois, que les Espagnols seront heureux & victorieux de tous leurs ennemis, tant qu'ils sçauront conserver la grande Reine que le Ciel vient de leur donner.

Il reste à faire voir que si on avoit couvert d'un Voile en broderie le visage de la Figure qui étoit sur le Pied-d'estal, c'étoit parce que dans la necessité où l'on avoit été (faute de tems pour faire une Figure exprés) de se servir d'une personne ordinaire, par raport seulement à sa taille, pour representer la Reine comme une Minerve ; Il n'étoit pas permis de la faire voir à découvert, par le respect qu'on devoit à Sa Majesté, outre qu'on s'étoit servi de cette raison, pour avoir occasion de dire, qu'outre les grandes qualitez de la Reine,

Sa Majesté a de plus le talent de sçavoir parfaitement bien peindre ; ce qui s'expliquoit par ces deux vers françois écrits sur le Marche-pied de la Figure.

Seule elle peut se peindre & se representer,
Et toute autre doit se cacher.

Enfin pour terminer le triomphe du Bouclier ou *Parma*, il y avoit dans le fonds de cette grande Sale un magnifique Trophée qui en tenoit toute la largeur, au milieu duquel étoient deux grandes Figures qui representoient les deux Rois de France & d'Espagne, & qui élevoient chacun d'une main un Bouclier ou *Parma* aux Armes de Parme, avec ces deux vers françois au-dessous.

Elle reçoit aujourd'huy de nos Rois,
Ce que pour eux elle a fait autre fois.

Sur quoy il n'est pas necessaire de donner aucune explication, puis qu'il n'y a personne qui ne sçache qu'autre fois les Rois de France pour être reconnus, étoient élevez sur un Bouclier, au lieu qu'en cette occasion, ce sont nos Rois qui élevent eux-mémes le Bouclier.

Et quant à ce qui regarde la Maison de Farnese, on voit dans l'Histoire ce qu'elle a fait pour la France & pour l'Espagne : Nicolas Farnese ayant pris le party de Charles d'Anjou dans le 13.e Siecle, Alexandre Farnese Pape, sous le nom de Paul III. ayant entrepris pour le bien & pour la gloire des deux Couronnes de regler les differens que

François premier avoit avec Charles-Quint ; Le Cardinal Alexandre Farnese son neveu étant ensuite venu Legat en France pour l'execution de ce grand dessein, & Philipe second n'ayant recouvert tout ce que l'Espagne a dépuis possedé de Provinces dans les Païs-bas que par la conduite & par la valeur d'Alexandre Farnese si renommé dans l'Histoire de Flandres, & qui étoit le plus grand Capitaine de son tems.

Pour finir encore mieux ce Triomphe, on avoit placé à distances égales, & vis-à-vis les uns des autres, quatre grands Cartouches attachez au haut des Armes qui son rangées dans cette Sale, dans le premier desquels étoit écrit,

L'Europe l'admire.

Dans le second,

L'Asie la suit.

L'Ambassadeur de Perse & le Chaoux du Grand Seigneur aprés avoir fait leur quarantaine étant effectivement entrez dans Marseille le lendemain de l'arrivée de la Reine.

Dans le troisiéme,

L'Affrique en soûpire.

Dans le quatriéme,

L'Amerique obeït.

Et au-dessus du grand Trophée il y avoit un cinquiéme Cartouche où étoit écrit,

Le Triomphe est parfait.

Il semble qu'aprés ces quatre mots il n'y avoit

plus rien à dire d'avantage ; mais pour ſupleér à une acclamation publique, que dans un ſpectacle ſemblable la preſence de la Reine auroit tiré du cœur pour la mettre dans la bouche de tous ceux qui avoient l'honneur de la ſuivre, s'ils n'avoient point aprehendé par là de luy manquer de reſpect : On avoit mis une Legende au-deſſous d'un Soleil qui occupoit le fonds de la Sale derriere le grand Trophée, où étoit écrit.

Rien n'eſt plus grand ſous le Soleil,
Et l'on n'a rien veu de pareil.

Comme on vit que la Reine venoit un peu trop tard pour qu'elle pût bien voir la Sale d'Armes au jour, on eut ſoin d'avoir une vingtaine de flambeaux de cire blanche, qui étoient portez par autant d'Ecrivains du Roy qui marchoient devant Elle, ce qui fit qu'Elle vit cette Sale & tout ce qu'on y avoit preparé pour Elle, auſſi clairement que ſi Elle y eut été en plein jour ſans être offuſquée ny incommodée, comme Elle auroit pû l'être par l'odeur & la fumée de quelqu'autre illumination qu'on auroit pû faire dans cette Sale.

M. Arnoul avoit eu ſoin de prier Mr. le Chevalier de Rancé premier Chef-d'Eſcadre des Galeres, & qui les commande à Marſeille, de faire faire un détachement d'autant de Soldats qu'il en faloit pour border les deux hayes entre leſquelles Elle auroit à paſſer, depuis le grand Pavillon de l'Horloge de l'Arcenal juſques à l'entrée de la

Cour que ſa Reine avoit à traverſer pour aller à la Sale d'Armes ; & dans cette Cour ſe trouverent les Gardes de l'Etendart, ayant à leur tête Mr. le Chevalier de Rouſſet qui les commande ; Sa Majeſté ſçachant que cette Compagnie eſt toute compoſée de Gentils-hommes, la pluſpart Chevaliers de Malte, & tous en bon ordre, fit arrêter ſa Chaiſe pour les conſiderer, & Mr. le Chevalier de Rouſſet la ſalua de l'Eſponton, de méme que les Officiers de la Compagnie, comme avoient fait auparavant ceux qui commandoient les détachemens des Troupes des Galeres : Et Mr. le Chevalier de Rouſſet étoit prêt à faire faire l'exercice à la Compagnie, lors qu'Elle le fit apeller, pour luy dire qu'il étoit trop tard.

Elle vint mettre enſuite pied à terre pour monter à la Sale d'Armes au bas de l'eſcalier, où étoit Mr. le Chevalier de Rancé à la tête de Mrs. les Officiers Generaux, Capitaines & autres Officiers des Galeres qui n'avoient pas été détachez, & Mr. Arnoul y étoit pareillement, de méme que Madame Arnoul, habillée & coiffée de la maniere qui convenoit en pareille occaſion, avec une grande partie des Dames les plus qualifiées du Corps des Galeres & de la Ville, pour recevoir Sa Majeſté, la ſuivre & luy faire leur cour.

Lors que la Reine entra dans la Sale d'Armes & lors qu'Elle en ſortit, on luy tira deux cent Boites de l'Arcenal, & pendant tout le tems qu'Elle y fût, les Trompetes & les Violons qui avoient été poſtez dans des lieux où ils pouvoient être entendus ſans incommoder, ne ceſſerent point de joüer.

Quand Sa Majeſté eut veu la Sale d'Armes, Elle paſſa dans la Maiſon du Roy par une porte qui y communique, & ſe trouva dabord dans un grand apartement, compoſé de cinq pieces toutes preparées pour Elle, dans la plus grande deſquelles il y avoit un magnifique Canapé ſous un Dais, pour qu'Elle pût s'y répoſer, en cas qu'Elle ſe trouvât fatiguée avant que d'entrer dans une grande Sale qui eſt jointe à cet apartement, où étoit de plus un grand Theatre & une Orqueſtre, le tout preparé pour luy donner le divertiſſement de trois differentes Pieces, ſçavoir le Prologue de Phaëton, le Medecin malgré luy de M. Moliere, & la Chaſſe d'Enée & Didon de M. Campra, qui y étoit luy méme, pour que le tout fût mieux executé.

Elle entra dabord dans cette Sale ſans s'arrêter dans l'apartement, & Elle y trouva dans le milieu ſur un Marche-pied, couvert d'un grand Tapis de Perſe, un Fauteüil de damas cramoiſi, garni de galons d'or, ſous un Dais de ſemblable damas, & garni de méme de galons d'or & de grandes crêpines.

Ce Fauteüil étoit couvert d'une grande Toilete de velours cramoiſi garni de méme de franges & de galons d'or.

Sa Majesté étoit menée par Mr. le Marquis de Losbalbasez chargé par le Roy d'Espagne de sa conduite dans tout le voyage, & Elle étoit accompagnée de Madame la Princesse de Piombino, de Madame la Princesse Pio, de Madame la Comtesse de Somaglio, & des autres Dames de sa Cour.

Quand Sa Majesté voulut s'asseoir on découvrit le Fauteüil, & la Toilete fut mise devant Elle sur le Tapis au bas d'un grand Carreau de velours cramoisi garni de galons d'or qui devoit être sous ses pieds ; Elle avoit à sa droite Madame la Princesse de Piombino, & Madame la Princesse Pio à sa gauche sur des Taborets posez sur le Tapis du Marche-pied, & derriere sur de parils Tabourets posez aussi sur le Tapis, Madame la Comtesse de Somaglio & Mr. le Marquis de Losbalbasez. Tout le reste de la Sale étoit garni de petits Placets, où Elle voulut bien permettre que les Dames fussent assises pour le spectacle, & ces Placets étoient derriere son Dais avec quelques uns par les côtez, mais éloignez.

On avoit preparé proche de cette Sale la colation de la Reine, croyant qu'Elle se feroit servir dans le tems du Spectacle, mais Elle voulût attendre qu'il fut fini.

Sa Majesté repassa ensuite dans l'Apartement qui luy avoit été preparé, & Elle s'arrêta dans la Chambre où étoit le Dais avec le grand Canapé où Elle s'assit pour faire collation.

Cette collation étoit composée de vingt-huit grandes Corbeilles de Patisseries, Confitures seches, de Fruit cru, sans mêlange, & de sec, le tout en Piramides ; elles furent aportées par les Commissaires des Galeres, qui de main en main les remetoient à Mr. Arnoul, de qui les Officiers de la Reine les recevoient pour les presenter à Sa Majesté ; & toutes les Corbeilles passerent ainsi devant Elle, ensuite aux Dames de sa Cour, & successivement aux autres Dames ; aux Gentils-hommes de sa suite. & aux Officiers & autres Gentils-hommes de la Ville, dont toute la Chambre étoit remplie ; & peu de tems aprés Sa Majesté se retira.

Elle devoit aller en sortant de l'Intendance à la Maison de Ville pour y voir l'illumination des Galeres qu'Elle avoit agréé pour ce méme soir, & Elle en auroit veu tout l'effet de la maniere que Mr. de Rancé avoit fait ranger les Galeres, mais comme il étoit tard, Elle ayma mieux retourner chez Elle : Et quant au Salut Royal qu'on luy devoit, Mr. de Rancé le luy avoit fait rendre le jour precedent.

Pendant les trois jours que Sa Majesté à resté à Marseille M. le Marquis de Losbalbasez, M. le Duc de Ceste son fils, M. le Marquis de Grille & les autres Seigneurs les plus qualifiez de sa Cour, firent l'honneur à M. Arnoul de dîner chez luy le premier jour ; le jour suivant ils dînerent chez M. le Chevalier de Rancé, & le troisiéme chez M. le Bailly de la Palleterie : Chacun a fait de plus tout ce qu'il a pû, pour rendre à ces Seigneurs tout ce qui leur étoit deû, & leur marquer une consideration & une attention toute particuliere à tout ce qui pouvoit les regarder, de même que beaucoup d'empressement, pour tacher d'être de quelque agrement ou de quelque utilité à toutes les Personnes de la Maison de Sa Majesté.

Outre ce qu'on vient de raporter pour marquer que le Bouclier pris en general doit être au-dessus de toutes les autres Armes, on fait voir qu'il y a d'autres raisons pour faire particulierement triompher en ce jour celuy de Parme, par raport aux Lys dont il est orné, suivant cet autre vers.

Isti Flora dedit florem quo vincitur orbis.

Ce qu'on croit pouvoir dire en cette occasion en ce que les Armes de nôtre Invincible Monarque que representent ses trois Lys, l'auroient en effet rendu Maître du Monde entier, si luy méme n'avoit mis des bornes à ses conquêtes par sa moderation & par sa justice naturelle, qui seules ayant toûjours reglé ses mouvemens, l'ont empêché de faire jamais sentir la force de ses Armes ou de ses Lys qu'aux Villes & aux Provinces qui devoient être veritablement à luy, ou contre celles qui par leur conduite s'étoient attiré sa trop juste indignation; Mais l'Europe a fait assez voir ce que le monde entier en effet en pouvoit craindre, par tout ce qu'elle a marqué de crainte pour elle-méme, en reünissant toutes ses forces pour tâcher de resister à celles des Lys. *La suite se reprend à page 3.*

www.ingramcontent.com/pod-product-compliance
Lightning Source LLC
LaVergne TN
LVHW012103170726
843501LV00008BB/2735

* 9 7 8 2 3 2 9 6 5 0 2 3 4 *